NUESTRA LUNA

El objeto más brillante del cielo nocturno

por J. Clark Sawyer

Consultora: Dra. Karly M. Pitman
Instituto de Ciencia Planetaria
Tucson, Arizona

BEARPORT
PUBLISHING

New York, New York

Créditos

Cubierta, © NASA/JPL/USGS; TOC, © Gregory H. Revera/Wikipedia; 4–5, © NASA/JPL/USGS; 6–7, © Wikipedia & NASA; 8, © Gregory H. Revera/Wikipedia; 9, © NASA; 10–11, © Wikipedia & NASA; 12, © Peter Freiman/Wikipedia; 13, © NASA/SDO (AIA); 14, © Jorge Salcedo/Shutterstock; 15, © Sinelyov/Shutterstock; 16–17, © NASA; 18, © NASA; 19, © NASA; 20, © NASA; 21, © Shannon Moore/Wikipedia; 23TL, © NASA; 23TM, © NASA Earth Observatory; 23TR, © NASA; 23BL, © Groomee/iStockphoto; 23BM, © Groomee Photography/iStockphoto; 23BR, © NASA/Wikipedia.

Editor: Kenn Goin
Editora principal: Jessica Rudolph
Director creativo: Spencer Brinker
Diseñadora: Debrah Kaiser
Editora de fotografía: Michael Win
Editora de español: Queta Fernandez

Library of Congress Cataloging-in-Publication Data

Clark Sawyer, J., author.
  [Our moon. Spanish]
  Nuestra luna : el objeto más brillante del cielo nocturno / por J. Clark Sawyer ; consultora: Dra. Karly M. Pitman, Instituto de Ciencia Planetaria, Tucson, Arizona.
      pages cm. — (Fuera de este mundo)
  Includes bibliographical references and index.
  ISBN 978-1-62724-594-4 (library binding) — ISBN 1-62724-594-4 (library binding)
  1. Moon—Juvenile literature. I. Title.
  QB582.C5618 2015
  523.3—dc23
                                    2014043764

Para más información, escriba a Bearport Publishing Company, Inc., 45 West 21st Street, Suite 3B, New York, New York 10010. Impreso en los Estados Unidos de América.

10 9 8 7 6 5 4 3 2 1

CONTENIDO

¿Cuál es el objeto más
brillante del cielo nocturno?

¡NUESTRA LUNA!

5

La Luna es parte del sistema solar de la Tierra.

MARTE

VENUS

MERCURIO

JÚPITER

SOL

LUNA

TIERRA

SATURNO

URANO

NEPTUNO

La Luna es mucho más
pequeña que la Tierra.

Dentro de la Tierra cabrían
cerca de 50 Lunas.

LUNA

TIERRA

9

La luz del Sol ilumina la Luna.

SOL

Luz del Sol

Luna

La luz hace que la
Luna luzca brillante
en el cielo nocturno.

El lado de la Luna que está opuesto al Sol es muy frío y oscuro.

El otro lado es muy caliente.

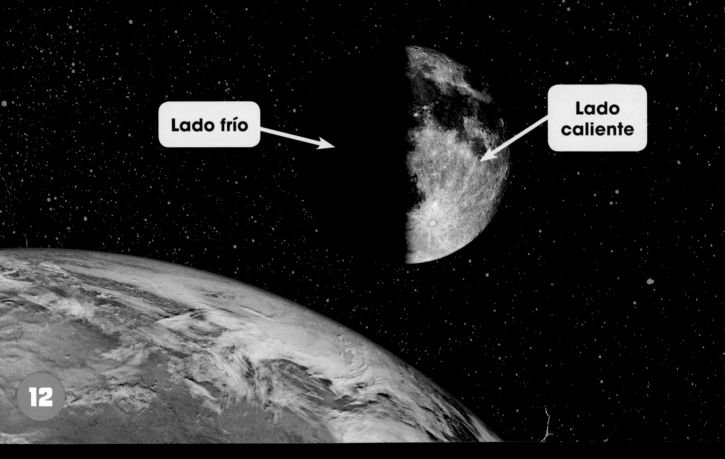

Lado frío

Lado caliente

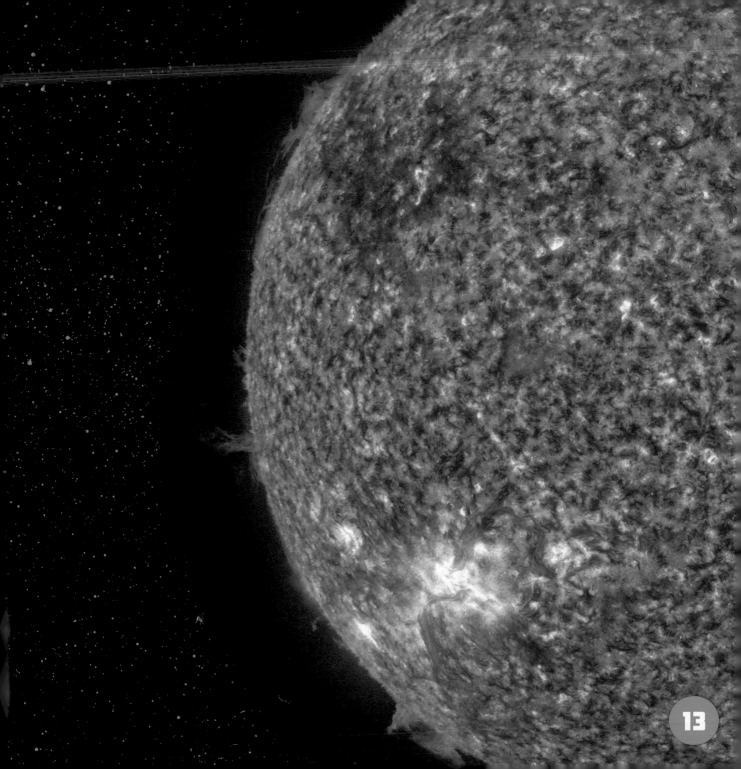

La Luna orbita o gira alrededor de la Tierra.

Por la noche, a veces vemos una pequeña tajadita de la Luna.

Luna

14

Luna

Otras veces, vemos gran parte de ella.

La cantidad depende de dónde esté la Luna en el cielo.

La luna está cubierta de polvo
y rocas grises.

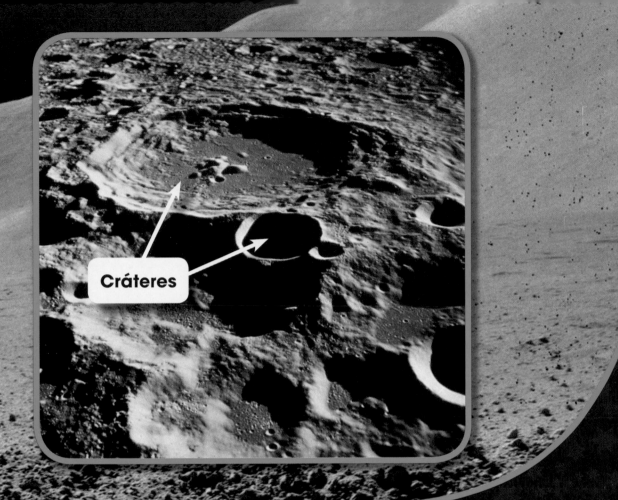

Cráteres

Hay muchos hoyos llamados
cráteres.

Los **astronautas** han ido a la Luna en naves espaciales.

La Luna no tiene **oxígeno** en su **atmósfera**.

Nave espacial

Astronauta en la Luna

Los astronautas necesitan trajes especiales para respirar allí.

En 1969, unos astronautas pusieron una bandera estadounidense en la Luna.

Dejaron huellas.

¡Trajeron rocas de la Luna
a la Tierra!

LA LUNA VERSUS LA TIERRA

LA LUNA	VERSUS	LA TIERRA
2,159 millas (3,475 km) de ancho	TAMAÑO	7,918 millas (12,743 km) de ancho
253°F (123°C)	TEMPERATURA MÁS ALTA	136°F (58°C)
–387°F (–233°C)	TEMPERATURA MÁS BAJA	–126°F (–88°C)
Suelo rocoso y polvoriento, no hay agua	SUPERFICIE	Casi cubierta de océanos, alguna tierra

GLOSARIO

astronautas
personas que viajan
al espacio

atmósfera capa de
gases que rodean un
planeta u otro cuerpo
en el espacio

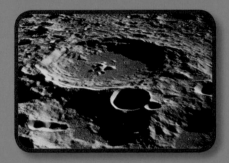

cráteres hoyos en
forma de cuencos

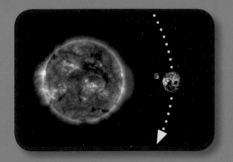

orbita da vueltas
o gira alrededor del
Sol o de otro objeto

oxígeno un gas
incoloro que se
encuentra en el agua
y el aire de la Tierra
y que los animales y
las personas necesitan
para respirar

sistema solar
el Sol y todo lo que da
vueltas alrededor de
él, incluyendo los
ocho planetas

ÍNDICE

LEE MÁS

Landau, Elaine. *The Moon (True Book).* New York: Children's Press (2008).

Lawrence, Ellen. *The Moon: Our Neighbor in Space (Zoom Into Space).* New York: Ruby Tuesday Books (2014).

APRENDE MÁS EN LÍNEA

Para aprender más sobre nuestra Luna, visita
www.bearportpublishing.com/OutOfThisWorld

ACERCA DE LA AUTORA

J. Clark Sawyer vive en Connecticut. Ha escrito y editado muchos libros para niños sobre historia, ciencia y naturaleza.